ROBERT BELLEFEUILLE

LA MACHINE
À BEAUTÉ

Adaptée du roman du même nom
de Raymond Plante

Théâtre

Éditions Prise de parole
Sudbury 2011

Catalogage avant publication de Bibliothèque et Archives Canada

Bellefeuille, Robert, 1957-
          La machine à beauté / Robert Bellefeuille; adaptée du roman du même
nom de Raymond Plante. – 2ᵉ éd.

Éd. originale: 1995.
ISBN 978-2-89423-259-0

   I. Plante, Raymond, 1947- . La machine à beauté. II. Titre.

PS8553.E4577M32 2011   jC842'.54   C2011-900246-9

Diffusion au Canada: Dimedia

Ancrées dans le Nouvel-Ontario, les Éditions Prise de parole appuient les auteurs et les créateurs d'expression et de culture françaises au Canada, en privilégiant des œuvres de facture contemporaine.

Nous reconnaissons l'aide financière du gouvernement du Canada par l'entremise du Fonds du livre du Canada (FLC), du programme Développement des communautés de langue officielle de Patrimoine canadien, et du Conseil des Arts du Canada pour nos activités d'édition. La maison d'édition remercie également le Conseil des Arts de l'Ontario et la Ville du Grand Sudbury de leur appui financier.

Œuvre en page de couverture et mise en pages: Olivier Lasser

Éditions Prise de parole
C.P. 550, Sudbury (Ontario) Canada P3E 4R2
www.prisedeparole.ca

ISBN 978-2-89423-259-0 (Papier)
ISBN 978-2-89423-325-2 (PDF)
ISBN 978-2-89423-800-4 (ePub)
Réimpression 2015

L'AVENTURE DE CETTE MACHINE

Si la beauté ne court pas toujours les rues, elle s'est rapidement taillée une place de choix dans la littérature destinée à la jeunesse. Dès 1696, dans *Riquet à la houppe*, un des tout premiers contes de Charles Perrault, généralement considéré comme le père de la littérature jeunesse, elle s'est installée confortablement. Déjà la fameuse opposition entre l'être et le paraître se manifestait et posait directement la question fondamentale que toute personne qui évolue parmi les autres porte en elle: «À l'intérieur de moi, suis-je vraiment à l'image de mon apparence physique?» Déchirant dilemme! Grande question aussi!

Bien sûr, cette question de beauté a emprunté des formes aussi diversifiées qu'il y a de modèles de nez dans la figure humaine. De toute façon, il faut bien en convenir: il y a quantité de beaux idiots qui se pavanent ici et là, et une bonne batterie de génies particulièrement repoussants que l'on n'ose pas trop montrer à la télévision aux heures de grande écoute. Certaines filles au fin minois et au corps de mannequin devraient apprendre à se taire, alors que certaines sorcières ambulantes pourraient chanter du matin au soir sans qu'on leur lance la moindre tomate. Je vais rester beau joueur, je ne nommerai personne.

Évidemment, je blague un peu. À mon avis, c'est le meilleur ton à utiliser pour parler beauté.

La beauté qui nous inspire

Mais c'est vrai, en littérature enfantine, la beauté est loin d'être un sujet nouveau. Le seul thème de « la Belle et la Bête », qui vient du fameux *Riquet à la houppe* de Perrault, qui lui-même l'avait adapté d'un conte populaire, a été repris à maintes occasions. Madame d'Aulnoy l'avait déjà exploité dans *Le bélier, serpentin vert et la grenouille bienfaisante*, en 1697. D'accord, les gens de la cour de Louis XIV, ces poudré(e)s à perruques, pouvaient bien se questionner sur le sujet. Ils portaient parfois des accoutrements ridicules et multipliaient les courbettes pour faire les beaux. Mais les temps eurent beau changer, le thème a poursuivi son petit bonhomme de chemin.

Ainsi, en 1740, Madame de Villeneuve a écrit un gros roman intitulé *La belle et la bête*. Seize ans plus tard, Madame Jeanne-Marie Leprince de Beaumont a donné le même titre à une histoire beaucoup plus courte, mais beaucoup mieux adaptée aux jeunes lectrices et lecteurs de l'époque. Il s'agit là de la version la mieux connue de cette histoire. Elle a inspiré une foule d'écrivains et, plus particulièrement, les scénaristes des deux grands films qui portent le même titre : le conte merveilleux et très poétique de Jean Cocteau, tourné en 1946 avec Jean Marais dans le rôle de la Bête, et — comment l'éviter? — le plus moderne, incroyablement publicisé, et très américanisé dessin animé des productions Disney.

Tout cela pour vous dire que lorsque j'ai rédigé le petit roman qui s'appelait *La machine à beauté*, en 1981, je ne venais pas d'inventer le moteur à explosions ou le bouton à quatre trous. En y réfléchissant un instant, on pourrait croire que j'ai repris à quelques variantes près le même thème, «la machine» symbolisant l'espèce de bête qui guette notre civilisation et, la beauté, notre rêve commun. Cette grille facile pourrait servir à ceux qui aiment l'analyse littéraire. Mais je serai franc.

En imaginant cette histoire, je n'ai pas pensé une seule seconde à tout cela. Je me suis plutôt appliqué à inventer une histoire drôle, frôlant la caricature, que les enfants du primaire pourraient lire avec plaisir, un certain sourire aux lèvres, tout simplement parce que j'aime les sourires qui restent une manifestation tangible de l'intelligence et de la complicité, ou en riant à l'occasion, parce que c'est encore la musique d'un éclat de rire qui me donne le plus de courage et me fait justement apprécier la beauté du monde quand elle passe par l'enfance.

Pour fouiller encore plus loin, je vous dirai que *La machine à beauté* est d'abord née d'une image. À l'époque, j'écrivais une série pour la télévision jeunesse de Radio-Canada, *L'ingénieux don Quichotte*, et j'avais imaginé une scène au cours de laquelle Alonzo Quijana avait une vision fabuleuse. Ce maigre chevalier n'en était pas à une vision près, nous le savons. Toujours est-il qu'il entrait dans un café et s'étonnait du spectacle fascinant qui s'offrait à lui. Tous les gens qu'il voyait là avaient une particularité peu commune : ils arboraient exactement la même tête. Plus que des jumeaux ou jumelles, ces personnages étaient des copies conformes les unes des autres, comme si on les avait sorties du même moule. Je n'ai jamais écrit cette scène pour la télévision, les budgets étant trop limités pour engager autant de comédiens ou pour exécuter une prouesse technique longue à élaborer. Mais j'ai conservé l'idée. Plus tard, en fait presque cinq années plus tard, je me suis dit : « Ils sont tous pareils et tous beaux. Tellement pareils qu'ils doivent être victimes d'un accident quelconque. Et trop beaux pour être vrais. » Cette scène est ainsi devenue le nœud du roman. J'ai cherché l'accident et le récit s'est tressé.

Derrière *La machine à beauté*, il y avait encore autre chose. Sans me prendre pour un arrière-petit-fils de Charles Perrault, il reste que, comme lui, j'avais une certaine conscience sociale. Je m'étais rendu compte de l'importance des images de la beauté dans les différents médias et, plus particulièrement, à la télévision. La publicité, par exemple, nous présente quotidiennement des gens beaux, bien faits — comme on le disait dans les contes d'autrefois — et en excellente santé... du moins qui ont l'air en bonne santé avec leur teint rose, leurs cheveux soyeux et brillants, et l'équilibre parfait de leur corps. C'est d'abord et avant tout cela qui m'a inspiré : l'image constante de la beauté. Un clou dans la conscience ! Comme si la vraie vie, le plaisir, le bonheur ne pouvaient exister que si on était beau. Pour vendre des produits plus ou moins essentiels, les publicitaires truquaient les images, maquillaient la réalité. C'est de cela que j'ai voulu me moquer : les hommes et les femmes de la pub.

En donnant un certain sens didactique à mon histoire, je ne m'éloignais pas tellement de la volonté de Perrault. À son époque, le conteur ne faisait-il pas une démonstration de la mode qui avait cours ? Les femmes de ses histoires étaient des modèles de beauté, de patience, d'obéissance. Des princesses, en somme, aux petits pieds fragiles, à la taille de guêpe et à la voix de rossignol. Cette image s'est d'ailleurs propagée jusqu'à l'avènement de la célèbre Barbie.

Contrairement à cela, je voulais d'abord parler de connaissance et d'acceptation de soi... et surtout de l'importance de tous ces petits « défauts » qui nous distinguent fort heureusement les uns des autres.

C'est pour cela qu'à la fin de mon histoire, tous ces gens qui, en passant dans la machine programmée, avaient choisi de changer de tête décidaient de se maquiller, de se déguiser pour retrouver leur apparence originale et leur personnalité propre.

La voie du théâtre

Le roman connaît depuis sa parution un certain succès. Il a été traduit en espagnol et en catalan. Un jour, on m'a proposé de participer à un atelier du Centre d'essai des auteurs dramatiques (CEAD). Le défi, proposé à quelques romanciers, était d'adapter une œuvre de jeunesse en pièce de théâtre. J'ai donc adapté une partie de ma machine. À la fin des quelques semaines d'ateliers, il y eut une lecture dirigée par Michel Marc Bouchard.

J'étais assez satisfait du résultat mais, le temps me manquant, j'ai laissé s'empoussiérer mon adaptation. Un peu plus tard, Robert Bellefeuille m'a appelé. Michel Marc lui avait parlé de mon histoire et l'idée l'intéressait. Je me suis dit pourquoi pas... et ne l'ai jamais regretté.

C'est ainsi que *La machine à beauté* est devenu un spectacle de la Vieille 17. Je savais que la troupe avait monté une adaptation du *Nez* de Gogol avec un brillant succès. Ils aimaient travailler avec des masques. Pour moi, cela convenait parfaitement à mon idée de multiplication des têtes semblables.

La première fois que j'ai rencontré Robert, je lui ai seulement demandé deux choses : qu'il conserve l'idée des personnages identiques ; et que la fin ne se transforme pas en une histoire de magie dans laquelle chacun retrouverait sa tête. Il était parfaitement d'accord avec cela.

À partir de ce moment, Robert a adapté mon roman. En plus de ses talents de dialoguiste et de son sens du théâtre, je dois dire que j'ai tout de suite reconnu chez lui un respect peu commun du thème de l'ouvrage et de son auteur. Le respect n'est pas chose courante dans le domaine de l'adaptation. Régulièrement, Robert me faisait parvenir une copie de son travail, qui se modifiait, qui prenait vie. J'ai toujours été d'accord avec tous les aménagements qu'il proposait.

J'ai été invité à une générale et, plus tard, à une des premières représentations au Centre national des Arts, à Ottawa. J'ai aussi assisté à une reprise de la pièce à la Maison Théâtre, à Montréal. Chaque fois, j'ai été emballé par le jeu des actrices et des acteurs qui devaient se multiplier eux-mêmes en plusieurs rôles. On n'a pas idée combien le théâtre destiné à la jeunesse demande d'énergie, de rythme, de voix, de rapidité — et pas seulement pour les changements des costumes qui tiennent souvent du miracle — physique et mentale, et d'électricité. J'ai aussi été touché par les émotions que chacun de ces fous transmettait au jeune public.

J'avais beau avoir imaginé la base de cette histoire, quand il est dans la salle, l'auteur devient un simple spectateur. Et j'ai apprécié ce rôle. Soit dit en passant, je suis le plus mauvais spectateur des choses que j'ai moi-même écrites. Mais là, je pouvais me laisser aller, me laisser prendre par la magie d'un texte différent.

Je le dis: Robert Bellefeuille et la Vieille 17 ont transformé ma *Machine à beauté* en un spectacle fascinant, vivant et dynamique. Du grand bonheur pour l'auteur!

Le message et les médias

Et le message dans tout ça? Je l'ai reconnu. Il est toujours là. Juste et limpide à travers les caricatures, les pirouettes, les jeux de mots et la fantaisie. Par l'histoire démontée et remodelée, il est demeuré le même, tel qu'il me tenait à cœur, planté dans la vie. Pertinent.

Comme je voyage souvent d'une école à l'autre, je sais que beaucoup d'enfants du Canada francophone et du Québec ont vu le spectacle, ont compris sa signification. Et surtout, ils l'ont apprécié. Ils ont ri de cette machine à pédales pleine de bruits et de lumières. Ils ont rigolé des clowneries des acteurs, se sont étonnés devant la magie du jeu. Ils ont gardé le souvenir précieux d'une machination qui peut occasionner des ravages. Et eux, les enfants, ils savent bien que par cette aventure bizarre nous leur souhaitons de ne jamais perdre la tête, de rester ou de trouver ce qu'ils sont vraiment, fiers et beaux d'être eux-mêmes.

Aujourd'hui, vous avez la chance de pouvoir lire le travail de Robert Bellefeuille. C'est le résultat d'une longue course à relais. En se transformant en un livre nouveau, en devenant une pièce sur du papier, vous avez entre les mains un témoin. Serrez-le bien fort et, si le cœur vous en dit, poursuivez la course. Montez la pièce, devenez personnages, metteurs en scène, décorateurs, musiciens. Inventez des masques. Les idées, comme les histoires et les émotions, sont faites pour être partagées. C'est dans le partage qu'elles trouvent leur véritable beauté.

De mon côté, je sais que chaque média a ses forces et ses faiblesses. Je suis cependant toujours prêt à jouer le jeu. Parfois, quelque distraction m'amène à imaginer *La machine à beauté* sous la forme d'un film d'animation, court, vif, bondissant, sans parole mais débordant de bruits, de nez, d'oreilles et de grands pieds. D'autres fois, j'entends un opéra tonitruant autour de la cacophonie d'une machine. Qui sait ce que l'avenir nous réserve?

Finalement, Robert Bellefeuille et ses complices de la Vieille 17 ont enrichi mon idée. Ils lui ont donné leur souffle et un nouvel élan sur une tribune différente. Pour leur respect, leur générosité et leur amour du spectacle et de la vie, je les remercie et les applaudis.

Raymond Plante
Saint-Lambert, 24 février 1995

Présentation

Coproduite par le Théâtre de la Vieille 17 et le Centre national des Arts, *La machine à beauté* a été créée le 18 février 1991 au Studio du Centre national des Arts, à Ottawa.

Adaptation théâtrale et mise en scène : Robert Bellefeuille, d'après le roman de Raymond Plante ; masques et costumes, Luce Pelletier ; décor et accessoires, Monique Dion ; éclairages, Claude Cournoyer ; musique, Louise Beaudoin ; régie, Diane Fortin. Avec Bertrand Alain, Esther Beauchemin, Marc Bertrand, Guylaine Guérin, Benoît Osborne. Narration, Mireille Francœur.

À partir de novembre 1991, le spectacle a effectué plusieurs tournées : en Ontario, principalement dans les écoles primaires et au Théâtre français de Toronto ; au Québec, à la Maison Théâtre de Montréal, au Périscope de Québec et dans plusieurs villes québécoises faisant partie du Circuit Réseau Scène. Lors de ces tournées, Karl Poirier Petersen a remplacé Benoît Osborne.

Personnages

Catou Clin D'Œil, photographe
Arsène Clou, scientifique
Pauline, chef policier
Jean Betterave, agent policier
Henri Galope, spécialiste des sondages
Béatrice Cheminée, lectrice de nouvelles à Radio-
    Canada
Zézette, chapelière
Josaphat Pavillon, maire
Léo, vendeur au marché

Les interventions du Narrateur sont sur bande sonore.

Répartition des rôles

Actrice 1	Béatrice, Pauline
Actrice 2	Catou, Zézette, Carmen
Acteur 3	Sylvain, Josaphat
Acteur 4	Jean Betterave, Henri
Acteur 5	Arsène, Léo

Prologue

Narrateur

La nuit avait été douce, l'air du matin était tiède et embaumé. Tout près de la mer, dans le fond de la vallée, le petit village se réveille. Peu à peu, le bruit du vent fait place à la voix de madame Béatrice (*on entend sur bande sonore: «Ici Béatrice qui vous dit bon matin»*), les feuilles de lierre frissonnent à entendre Léo chanter, un pommier en fleurs laisse tomber ses boutons roses au moment où l'agent Betterave commence à se gargariser. Et le coq de madame Carmen se met à chanter, accompagné de la bouilloire de madame Pauline, des ronflements de monsieur le Maire et des cris des marchands.

Scène 1
Au marché

LÉO
Achetez! Achetez!

SYLVAIN
Achetez! Achetez!

LÉO
Des légumes pour tous les goûts : des carottes...

SYLVAIN
...Du chou-fleur...

LÉO
...des tomates...

SYLVAIN
...du chou blanc, du chou rouge, du chou vert...

LÉO
...des patates...

SYLVAIN
...des choux de Bruxelles...

LÉO
...du céleri, des concombres...
Madame Zézette entre.

SYLVAIN
...des épinards, des asperges...

ZÉZETTE
Bonjour messieurs.

SYLVAIN
Bonjour madame Zézette.

LÉO
Monsieur le Maire va bien ?

ZÉZETTE
Très bien.

SYLVAIN
Combien de céleris pour vous ce matin ?

ZÉZETTE
Trois. Josaphat est fou du céleri. J'ai aussi besoin...
d'oignon vert.

LÉO
Ici !

ZÉZETTE
Allant vers Léo
Deux paquets, s'il vous plaît. Du chou-fleur...

SYLVAIN
Ici!

ZÉZETTE
Allant vers Sylvain
Un chou-fleur, s'il vous plaît, et des patates.

LÉO
Ici!

ZÉZETTE
Allant vers Léo
Cinq patates, s'il vous plaît.

SYLVAIN
Du maïs, peut-être?

ZÉZETTE
Vous vendez du maïs maintenant?

LÉO
Personne n'en mange.

SYLVAIN
Personne, sauf Catou.

LÉO
Qui?

SYLVAIN
Catou!

ZÉZETTE
Catou Clin D'Œil.

SYLVAIN

La nouvelle photographe qui vient de s'installer au village... Elle adore le maïs.

ZÉZETTE

C'était l'ouverture de son studio hier.

SYLVAIN

Elle a fait des photos gratuites de tous les gens.

LÉO

J'ai manqué ça!

ZÉZETTE

J'ai assez hâte de voir mes photos. Josaphat est allé les chercher, mais je lui ai interdit de les regarder avant que je ne sois là... (*Elle part.*) J'espère qu'elles seront bonnes! Merci. Bonne journée messieurs... J'ai hâte de voir mes photos!

Elle sort.

LÉO

Il faut absolument que madame Catou prenne ma photo.

Madame Béatrice entre. Elle se dirige vers Léo.

Ahh! Signora Béatrice.

BÉATRICE

Bonjour, monsieur Léo, monsieur Sylvain. (*À Léo*) Je vais prendre des carottes, s'il vous plaît. Je vais me faire un masque aux carottes, madame Clin D'Œil m'a dit que c'est très bon pour la peau, ça donne un beau teint jaune orange. Est-ce que vous êtes allé chercher vos photos?

LÉO

Je n'ai pas eu le temps de faire prendre la mienne encore.

BÉATRICE

Mais, allez-y!

SYLVAIN
Lui montrant sa photo

Moi, j'ai la mienne.

LÉO

Ah oui?

BÉATRICE
Regardant la photo

Elle est très belle... J'espère que ma photo est aussi belle que la vôtre. Au revoir, messieurs...
Elle sort.

SYLVAIN

Bonne journée! (*Montrant sa photo à Léo*) Léo, regarde.

LÉO

C'est toi ça?

SYLVAIN

Oui.

LÉO

Ce n'est pas une photographe, c'est une magicienne. On dirait que tu es beau.
Carmen entre.

SYLVAIN

Carmen, regarde ma photo.

LÉO

On dirait quasiment qu'il est beau.

CARMEN
Prenant la photo

C'est vrai que tu es beau, Sylvain.

SYLVAIN

Merci, Cocotte.

LÉO

Pas plus beau que moi.

CARMEN

Mais assez beau pour moi...
Elle embrasse Sylvain.

SYLVAIN

Tiens, je te la donne.

CARMEN

Merci, je vais la mettre au-dessus du poêle au restaurant, comme ça, je vais pouvoir te regarder toute la journée.

LÉO

Ah! L'amour!

SYLVAIN

J'ai assez hâte de voir ta photo.

CARMEN

Je ne veux pas te la montrer.

SYLVAIN

Tu l'as ?

CARMEN

Oui.

SYLVAIN

Laisse-moi voir, Cocotte.

CARMEN

Non. Je suis laide.

Sylvain prend l'enveloppe contenant la photo de
Carmen.

Sylvain, donne-moi ça. Si tu regardes ma photo, je
ne te parle plus jamais ! Donne-moi ma photo !

Jeu entre Carmen et Sylvain. Léo vole la photo.

Léo, donne-moi ça !

Léo sort la photo de l'enveloppe.

Non ! Ne regarde pas ma photo, s'il vous plaît !

Léo regarde la photo.

Non ! J'ai l'air folle, je suis laide, j'ai un gros nez.

SYLVAIN

Je l'aime, ton gros nez.

CARMEN

J'ai un gros nez ? Je le savais. Ce n'est pas un nez que
j'ai, c'est une aubergine. J'ai une aubergine au milieu
du visage. Je suis laide. J'aimerais ça être belle.

SYLVAIN
Tu es belle, Cocotte.

CARMEN
Non, je ne suis pas belle.

SYLVAIN
Oui, tu es belle. Moi, je te trouve belle.

CARMEN
Tu dis ça parce que tu m'aimes.

LÉO
L'amour est aveugle.

SYLVAIN
Léo, s'il te plaît.

CARMEN
Léo, est-ce que c'est vrai que j'ai un gros nez?

LÉO
Non, il n'est pas gros... il est énorme.

SYLVAIN
Léo!

LÉO
C'est une farce, Carmen. Moi aussi j'aimerais ça être beau.

CARMEN
Moi, si j'étais belle, je serais... animatrice, comme madame Béatrice.
L'agent Betterave entre.

JEAN BETTERAVE

Madame Carmen, dépêchez-vous parce que Capitaine
Pauline va vous donner une contravention.

CARMEN

My, my, mon parcomètre! (*Elle va vers Sylvain.*)
Vingt-cinq cents, Sylvain, est-ce que tu as vingt-cinq
cents?
    Sylvain fouille dans ses poches, en vain.
Léo, est-ce que tu as vingt-cinq cents?
    Léo cherche aussi, en vain.
Agent Betterave, est-ce que vous avez vingt-cinq cents?
    Il cherche dans ses poches. Madame Pauline entre.
Madame Capitaine Pauline, est-ce que vous avez...

PAULINE

Trop tard. Tenez madame Carmen.
    Elle lui tend sa contravention.

CARMEN

Merci.

PAULINE

C'est quoi le spécial ce midi?

CARMEN

Soupe aux légumes, bœuf à la mode et gâteau aux
carottes.

PAULINE

Vous me garderez un gros morceau de gâteau aux
carottes.

CARMEN

Avec plaisir, madame Capitaine Police.

Elle sort.

LÉO

Combien de contraventions, ce matin?

PAULINE

Avec celle de madame Carmen... dix-huit.

JEAN BETTERAVE

Elle en a donné quarante-sept hier.

LÉO

Et vous?

JEAN BETTERAVE

Moi.. heu... quatre.

PAULINE

Quoi? Agent Betterave, je veux que vous donniez vingt contraventions aujourd'hui... minimum.

JEAN BETTERAVE

Oui, chef.

PAULINE

Au revoir, les hommes.

SYLVAIN ET LÉO

Bonne journée. Ciao!!

PAULINE

Monsieur Sylvain!

Elle lui souffle un baiser et sort.

LÉO ET JEAN BETTERAVE
Taquins
Wow!! Ha ha!!
Sylvain leur fait signe de le laisser tranquille.

JEAN BETTERAVE
Est-ce que mademoiselle Catou est venue acheter du
maïs, aujourd'hui?

SYLVAIN
Pas encore.

JEAN BETTERAVE
Alors pourriez-vous lui préparer un bouquet de maïs,
et lui dire que...

LÉO
Que...?

JEAN BETTERAVE
Que...

LÉO
Que vous l'aimez!

JEAN BETTERAVE
Oui! Non! J'aimerais ça lui dire, mais je ne peux
pas.

SYLVAIN
Pourquoi?

JEAN BETTERAVE
Parce que... Je suis trop gêné. Depuis qu'elle a pris
ma photo, je ne vois que des étoiles. Et ce n'est pas à

cause de la caméra... c'est à cause de ses yeux... Mais je suis certain qu'elle ne pourra jamais m'aimer.

LÉO
Pourquoi?

JEAN BETTERAVE
Parce qu'elle est belle et moi, je ne suis pas beau. J'ai les pieds plats, le nez rouge... Mais je vais continuer de l'aimer, secrètement. Dites-lui qu'un admirateur secret lui envoie ce petit cadeau.

LÉO
Certainement.
On entend Pauline crier.

PAULINE
Agent Betterave!!!

JEAN BETTERAVE
Oui chef, tout de suite chef! Merci, monsieur Sylvain.

SYLVAIN
Elle va trouver ça beau!
Il sort. Catou entre.

CATOU
Bonjour messieurs.

SYLVAIN
Madame Catou.

LÉO

Madame Catou, je me présente : Léo le vendeur, le plus beau des deux, auriez-vous le temps de prendre ma photo ?

CATOU

Oui.

LÉO

Dans une heure ?

CATOU

Certainement.

SYLVAIN
Lui montrant le bouquet de maïs

Madame Catou, tenez, c'est un cadeau d'un admirateur secret.

LÉO

Jean Betterave.

SYLVAIN

Léo !

LÉO

L'agent au nez rouge est follement amoureux de vous.

SYLVAIN

Léo !

Catou sourit. On entend madame Béatrice crier.

BÉATRICE

Madame Clin D'Œil !

CATOU
Au revoir, messieurs.

SYLVAIN
Madame Catou! (*Il lui donne un bouquet.*) Votre
maïs. (*Catou sort en courant.*) Léo, tu es bien bavard!

LÉO
Bah! Qu'est-ce que je devrais porter pour ma séance
de photos? Ma chemise bleue ou ma chemise verte?

SYLVAIN
Je ne le sais pas!

LÉO
Ma bleue. Il faut aussi que je prenne un bain, que je
me rase, il faudrait peut-être que je me fasse couper
les cheveux?

BÉATRICE
Criant hors scène
Madame Clin D'Œil!

LÉO
Oh non! J'ai eu une contravention!

SYLVAIN
C'est de valeur!

LÉO
Toi aussi, tu en as une!

SYLVAIN
Oh, non!

LÉO
C'est de valeur!

BÉATRICE
Madame Clin D'Œil! Madame Clin D'Œil!! You
Hou!!!

SCÈNE 2

Chez Catou. Catou entre dans son studio et aperçoit Béatrice, qui l'attend.

CATOU

Excusez-moi, madame Cheminée!

BÉATRICE

Bonjour madame Clin D'Œil! J'espère que mes photos sont belles.

CATOU

Oui, très belles et très réussies.
Catou lui remet ses photos.

BÉATRICE
Regardant ses photos
Très réussies? Vous m'avez mis un nez... abominable.

CATOU

Mais je ne pouvais quand même pas vous mettre un petit nez retroussé.

BÉATRICE

Mais j'ai un petit nez retroussé, tout le monde le
sait. Des millions de téléspectateurs me regardent
tous les soirs. Et ils savent tous que j'ai un petit nez
retroussé. Je sens qu'on ne pourra jamais s'entendre.
Tenez, vos photos. Et adieu!

Monsieur Pavillon entre.

JOSAPHAT

Bonjour, madame Cicatrice.

BÉATRICE

Béatrice, monsieur le maire.

Elle sort.

JOSAPHAT

Faites de l'air? Faites de l'air vous-même, madame
Cicatrice! Madame Ragoût...

CATOU

Catou!

JOSAPHAT

...Qu'est-ce que c'est que ces immenses portes de
grange que vous m'avez mises comme oreilles? C'est
une farce?

CATOU

Non, ce n'est pas une farce.

JOSAPHAT

Ce n'est pas du tout ma face. Alors, expliquez-moi
ces oreilles!

CATOU

D'accord, mais calmement.

JOSAPHAT

Vous avez mal aux dents ?

CATOU

Mais non, je n'ai pas mal aux dents, laissez-moi
parler un instant...

JOSAPHAT

Des oreilles d'éléphant ?... C'est vrai... On dirait des
oreilles d'éléphant. Je suis le grand-père de Dumbo !
Je ne marche pas, moi. Je bats des oreilles. Sachez,
madame, que cette photo est ridicule, d'autant plus
que mes oreilles sont minuscules. Et sachez que je
vais revenir.

Il sort. On l'entend dire :

Et sachez que moi j'entends tout... un point c'est
tout. J'entends l'herbe qui pousse, les poissons
qui nagent. J'aime mes oreilles et j'aime le bruit.
Beaucoup de bruit. Je déteste la campagne et sa
tranquillité. J'adore la ville, le béton, les gens qui
crient, les gens qui courent, et les autos, et les
motos, et les klaxons...

SCÈNE 3
Catou est triste. Jean Betterave entre.

JEAN BETTERAVE

Heu... excusez-moi... Est-ce que ma photo est prête?

CATOU

Oui. (*Temps*) Merci pour le maïs.

JEAN BETTERAVE

Le maïs... Merci... Ah, vous... de rien.
Elle regarde la photo, sourit, et la lui donne.
Vous la trouvez drôle?

CATOU

Vous avez un air comique.

JEAN BETTERAVE

C'est vrai que j'ai l'air comique. Mes pieds plats...
mon nez rouge... Je ne suis pas très beau, je
m'excuse.
Pauline entre.

PAULINE
Agent Betterave?

JEAN BETTERAVE
Oui chef?

PAULINE
Il y a plein de contraventions à donner au marché.

JEAN BETTERAVE
Tout de suite, chef. Au revoir, mademoiselle Catou.

CATOU
À bientôt, monsieur Betterave!

PAULINE
Madame Catou...

CATOU
Vous n'aimez pas vos photos... Votre nez est trop gros, vos yeux ne sont pas assez grands, vous avez la bouche croche.

PAULINE
Pas du tout...

CATOU
Vous les aimez?

PAULINE
Certainement, elles sont très belles et moi aussi d'ailleurs.

CATOU
Tant mieux. Il y a plein de clients qui n'aiment pas leurs photos.

PAULINE

Qui?

CATOU

Monsieur le Maire, madame Carmen, madame
Béatrice...

PAULINE

Ne vous en faites pas! Même si vous leur faisiez les
plus belles photos du monde, ils ne les aimeraient
pas.

CATOU

Ah! non?

PAULINE

Non... Ils sont très difficiles... Ils voudraient être
beaux.

CATOU

Mais ils sont beaux.

PAULINE

Ils voudraient être encore plus beaux.

CATOU

C'est triste...

Arsène entre avec la machine.

ARSÈNE

Bonjour, mesdames. Je me présente, Arsène Clou,
commis voyageur et inventeur de l'heure, pour
vous servir.

CATOU

Enchanté. Catou Clin D'Œil, photographe.

ARSÈNE

Ah... Enchanté.

PAULINE

Très enchantée. Capitaine Pauline, chef de police.

ARSÈNE

Enchanté... Est-ce que je peux prendre un peu de votre temps ?

PAULINE

Le temps, c'est de l'argent, et moi, j'ai plein de contraventions à donner.
Elle sort.

ARSÈNE

J'aimerais me faire photographier avec ma machine.
Pauline revient.

PAULINE

C'est à vous ce qui est stationné sur le trottoir ?

ARSÈNE

Oui, ça fait partie de ma dernière invention.

CATOU

Une invention ?...

PAULINE

Alors, monsieur... Voici une contravention pour votre dernière invention qui bloque la voie aux piétons.

Elle lui donne un billet.

Une invention!!
Elle sort puis revient.

Une invention!!
Elle sort.

ARSÈNE

Tenez!
Il lui donne une partie de la machine.

CATOU

Et qu'est-ce qu'elle fait, votre invention?

ARSÈNE

C'est une machine à beauté!

CATOU

Une machine à quoi?

ARSÈNE

À beauté!
Il reprend un des morceaux des mains de Catou.

Merci!

CATOU

Ici?
Elle l'aide à mettre l'autre morceau en place.

ARSÈNE

Oui.
Il continue seul à installer sa machine.

Grâce à une formule secrète, j'ai découvert une façon d'éliminer les neutrons de laideur afin de stimuler les molécules de beauté. Mais qu'est-ce que la beauté?

Excellente question! Je connais les atomes, les molécules, j'ai décodé le système solaire, j'ai analysé la vitesse de la lumière, mais je ne connais pas la beauté! Je ne connaissais pas la beauté. C'est quoi de beaux yeux, un beau nez, une belle bouche? Aucune idée! Mais qui connaît la beauté?... Henri Galope. Il a effectué un sondage auprès de la population afin de donner un visage à la beauté.

Scène 4
La rue

Henri
Ici Henri Galope, sondages et statistiques. Vous voulez savoir ce qu'est la beauté ?

Pauline et Sylvain
Oui !

Henri
Je pose les questions percutantes. Première partie : le bel homme. Dites-moi à quoi devrait ressembler un bel homme ?

Pauline
Un bel homme a une grosse bedaine, j'aime m'endormir sur une grosse bedaine.

Sylvain
Un bel homme a de belles joues.

Henri
Et le nez ?

PAULINE

Un beau gros nez, c'est sensuel.

SYLVAIN

Un nez avec deux narines.

HENRI

Somme toute, le nez de vautour est fortement déconseillé. Et la bouche?

PAULINE

J'aime les grosses lèvres.

SYLVAIN

J'aime les moustaches.

PAULINE

Pas moi, il y a toujours de la nourriture qui reste prise là-dedans.

SYLVAIN

Jamais dans ma moustache.

HENRI

Et les cheveux?

SYLVAIN

Blonds.

PAULINE

Noirs.

HENRI

Donc, en général le bel homme a les cheveux...

PAULINE

Noirs.

HENRI

Noirs. Deuxième partie : la belle femme.

PAULINE

C'est sûrement moi.

SYLVAIN

J'aime les femmes courtes, un peu rondes… Comme Carmen.

PAULINE

Une belle femme a une belle personnalité.

SYLVAIN

Et une bouche en forme de cœur.

PAULINE

Avec beaucoup de rouge à lèvres.

SYLVAIN

Pas trop.

PAULINE

J'adore le rouge à lèvres, c'est mon meilleur ami.

HENRI

Somme toute, une bouche de fraise ouvre l'appétit. Par conséquent, tout chez la belle femme doit être délicat : son sourire, ses sourcils, ses lèvres et ses oreilles. Et les cheveux ?

SYLVAIN

Roux.

PAULINE

Blonds ! J'aime les cheveux blonds.

SYLVAIN

Roux. Les plus belles femmes ont les cheveux roux.

PAULINE

Blonds. Les cheveux blonds. En plus, les cheveux blonds, ça sent bon.

SYLVAIN

Les roux aussi.

PAULINE

Moi, j'aime les cheveux longs.

SYLVAIN

Moi, j'aime les cheveux lisses.

PAULINE

Frisés. Des cheveux lisses, c'est déprimant. Un grand cheveu déprimant.

SYLVAIN

Frisés ? Les doigts restent pris tout le temps dans les cheveux frisés, cotonneux. J'adore les cheveux minces.

PAULINE

Épais. Il faut que les cheveux soient épais.

Pauline et Sylvain sortent en continuant à dire : Épais !
Minces !

HENRI

Somme toute, les cheveux doivent être blonds, longs,
sentir bon. Quand la femme court, les cheveux
doivent rebondir et rester quelques secondes dans les
airs avant de retomber sur ses épaules avec souplesse.
Ça y est, j'ai les réponses.

Scène 5
Chez Catou

ARSÈNE
Alors, il a découvert que la partie essentielle de la belle personne, c'est sa tête. Voici ce à quoi devrait ressembler le bel homme! (*Il sort une photo.*) Et voici ce à quoi devrait ressembler la belle femme! (*Il sort une autre photo.*)

CATOU
Alors professeur, souriez! (*Elle le prend en photo.*) Vous voulez dire que si quelqu'un entre dans cette machine, il ressemblera à ça!?
Elle prend une autre photo.

ARSÈNE
Exactement! (*photo*) Heu... Peut-être...

CATOU
Peut-être?

ARSÈNE

Je ne sais pas. Je ne l'ai pas encore mise à l'épreuve.
Madame Catou, voulez-vous être la première à
l'essayer?

CATOU

Non, merci!

ARSÈNE

Vous ne voulez pas être belle?

CATOU

Je me trouve belle comme je suis.

ARSÈNE

Vous ne connaissez pas quelqu'un qui voudrait être
beau?

CATOU

Ici, mais oui, il y a plein de monde qui voudrait être
beau. Madame Béatrice, madame Carmen, l'agent
Betterave, même monsieur le Maire...

SCÈNE 6
Chez Catou. Monsieur le Maire entre.

CATOU
Monsieur le maire !

JOSAPHAT
Madame Ragoût, j'ai exactement deux minutes pour
faire prendre de nouvelles photos.

CATOU
Monsieur le Maire, voulez-vous être beau ?

JOSAPHAT
Non, je n'ai pas mal au dos, je viens pour mes photos.

ARSÈNE
Monsieur le Maire, cette machine peut vous
transformer en une beauté.

JOSAPHAT
Ah ? Une nouvelle façon de se faire photographier ?
Vous auriez pu me le dire avant, je suis très pressé.
Alors j'entre ici...

Josaphat entre dans la machine.

ARSÈNE
C'est parfait.

JOSAPHAT
Oui, oui, je suis prêt.

ARSÈNE
Vous croyez qu'il sera content de devenir beau... ?

CATOU
Ah oui... je crois... enfin j'espère...

JOSAPHAT
J'espère que mes photos seront bonnes cette fois-ci.

ARSÈNE
Elles seront très bonnes... !
Josaphat passe dans la machine et en ressort transformé.

ARSÈNE
C'est incroyable !

JOSAPHAT
Qu'est-ce qui est incroyable ?

CATOU
Monsieur le maire...

JOSAPHAT
L'interrompant
Pas si fort, je ne suis pas sourd !

CATOU

Monsieur le maire, regardez-vous.

Elle lui tend un miroir. Josaphat se regarde.

JOSAPHAT

C'est moi ça?

CATOU

Oui, vous êtes beau.

JOSAPHAT

C'est vrai que je suis beau.

CATOU

Très beau.

ARSÈNE

Grâce à ma machine... La machine à beauté.

JOSAPHAT

Une machine à beauté, c'est extraordinaire. Merci machine. (*Il embrasse la machine.*) Merci, madame Ragoût.

CATOU

Madame Catou.

JOSAPHAT

Madame Catou. (*Rires*) Oh pardon! Zézette, je suis beau!

Il sort.

CATOU

Merci, professeur. Grâce à votre machine, les gens vont être heureux.

JOSAPHAT
Mes oreilles d'éléphant, envolées!

CATOU
Monsieur le maire, vos photos!
Elle sort.

JOSAPHAT
Zézette, je suis beau!
Il sort.

ARSÈNE
Je suis génial. Je vais devenir le scientifique le plus
connu. Fini le porte-à-porte. Je détiens le secret de la
beauté. Le monde de la science sera à mes pieds!

SCÈNE 7
Chez Catou. Jean Betterave entre.

JEAN BETTERAVE
Qu'est-ce que c'est que ça?

ARSÈNE
Ma dernière invention.

JEAN BETTERAVE
Formidable, monsieur...

ARSÈNE
Clou. Le génial professeur Arsène Clou, ancien commis voyageur et inventeur de l'heure, pour vous servir.

JEAN BETTERAVE
Moi, c'est agent Betterave.

ARSÈNE
Monsieur Betterave, aimeriez-vous être beau?

JEAN BETTERAVE

Oui !

ARSÈNE

Il s'agit d'entrer ici.

JEAN BETTERAVE

Ah oui !!! (*Il regarde.*) J'aimerais bien, mais je n'ai pas le temps. Je cherche Monsieur le Maire.

ARSÈNE

L'homme avec de grosses oreilles ?

JEAN BETTERAVE

Oui, madame Zézette m'a dit qu'il était ici.

ARSÈNE

Cet homme a disparu.

JEAN BETTERAVE

Disparu ?

ARSÈNE

Oui.

JEAN BETTERAVE

Monsieur le Maire a disparu ?

ARSÈNE

Complètement, grâce à moi.

JEAN BETTERAVE

Grâce à vous ?

ARSÈNE

C'est maintenant un nouvel homme qui est maire.

JEAN BETTERAVE
Quelqu'un a remplacé Monsieur le Maire ?

ARSÈNE
Oui.

JEAN BETTERAVE
Qui ?

ARSÈNE
Un bel homme avec de beaux yeux, un beau nez,
une belle bouche et de beaux cheveux noirs.

JEAN BETTERAVE
Mais c'est épouvantable, pauvre Monsieur le
Maire. Mais pourquoi ? Et qu'est-ce que vous avez
fait avec Monsieur le Maire ? Et qui est ce nouveau
bel homme ? Et qui êtes-vous ? Et où est Catou ?
Monsieur le professeur, au nom de la loi, je vous
ordonne de répondre à mes questions.

ARSÈNE
Ma machine va répondre à toutes vos questions.

JEAN BETTERAVE
Votre machine ?

ARSÈNE
Oui.

JEAN BETTERAVE
Comment ?

ARSÈNE
Elle va vous montrer la vérité.

JEAN BETTERAVE

Juré ?

ARSÈNE

Juré.

Jean Betterave entre dans la machine.

Vous allez me remercier, agent Betterave.

Arsène met la machine en marche. Catou entre.

CATOU

Professeur, c'est extraordinaire, venez vite ! J'ai parlé de votre machine à madame Béatrice et elle veut faire un reportage exclusif sur vous ! Venez vite !

Ils sortent. On entend :

ARSÈNE

Je serai le plus grand scientifique du monde... Je serai l'étoile la plus brillante de l'Univers. La star de la science !

Scène 8
La machine s'arrête. Jean Betterave en sort, embelli.

Jean Betterave

Vous m'avez menti, professeur, votre machine n'a pas répondu à mes questions. Professeur...? You hou? Monsieur le professeur?... Ah... Enfui! Monsieur le Maire a disparu... Grâce à lui... Ce qui veut dire... Du kidnapping!!

Son stylo sonne.

Capitaine Pauline! Capitaine Pauline!

Pauline

Betterave.

Jean Betterave

Oui chef! On a kidnappé Monsieur le Maire!

Pauline

Quoi?

Jean Betterave

Il y a un bel homme dans le village.

PAULINE

Je le sais.

JEAN BETTERAVE

Vous le savez?

PAULINE

On dit qu'il y a un bel homme qui poursuit une dame.

JEAN BETTERAVE

Un bel homme avec de beaux yeux, un beau nez,
une belle bouche et de beaux cheveux noirs?

PAULINE

Exactement...

On entend Zézette crier: Ahhh!!! Au secours!!!

Vous le connaissez?

JEAN BETTERAVE

Non, j'en ai entendu parler. Chef, il y a des choses
bizarres qui se passent.

PAULINE

Je le sais.

On voit Zézette courir, poursuivie par Josaphat.

SCÈNE 9
Poste de police. Pauline entre en disant :

PAULINE
Du kidnapping! Du kidnapping!
Jean Betterave entre en courant.

JEAN BETTERAVE
C'est du kidnapping!

PAULINE
Du kidnapping

JEAN BETTERAVE
Oui. Du kidnapping.

PAULINE
En aparté, réalisant que cet homme n'est pas Jean Betterave
Le bel homme! Il a volé l'uniforme de Betterave!

JEAN BETTERAVE
On a kidnappé Monsieur le Maire!

PAULINE
Ah oui...
Elle le jette en prison.

JEAN BETTERAVE
Voyons, chef, qu'est-ce que vous faites...?!

PAULINE
Silence!! Et vous, bel homme, qui êtes-vous?

JEAN BETTERAVE
Mais voyons, chef, je suis Jean Betterave!

PAULINE
Jean Betterave?

JEAN BETTERAVE
Oui, l'agent Jean Betterave.

PAULINE
Alors, monsieur le kidnappeur, c'est moi qui pose
les questions! Premièrement, que faites-vous avec
l'uniforme de Jean Betterave?!

JEAN BETTERAVE
Mais voyons, chef...

PAULINE
Deuxièmement, où avez-vous caché l'agent
Betterave?! Parlez, monsieur le kidnappeur!

JEAN BETTERAVE
Je ne suis pas le kidnappeur, je suis Jean Betterave.
Vous ne me reconnaissez pas, chef?

PAULINE
Non!!

JEAN BETTERAVE
J'ai les pieds plats, le nez rouge. (*Il se touche le nez.*)
Mais... Mais ce n'est pas mon nez! Mais ce n'est pas
moi! Mon visage, j'ai perdu mon visage!
Il s'évanouit. Zézette entre en courant.

ZÉZETTE
Madame Pauline!

PAULINE
Madame Zézette?

ZÉZETTE
Un bel homme a sauté sur moi!

PAULINE
Un bel homme?

ZÉZETTE
Oui, avec de beaux yeux...

PAULINE
Un beau nez, une belle bouche et de beaux cheveux
noirs?

ZÉZETTE
Oui, vous le connaissez?

PAULINE
Non, j'en ai entendu parler.

ZÉZETTE

Il a sauté sur moi... et il a commencé à m'embrasser !
Il a dit qu'il était Josaphat (*Elle pleure.*) Mon pauvre
Néné... Je pense que le bel homme a kidnappé mon
mari.

PAULINE

Kidnappé Monsieur le Maire ?

ZÉZETTE

Oui.

PAULINE

Betterave avait raison. Et ce bel homme, est-ce que
c'est lui ?

Montrant Jean Betterave, évanoui.

ZÉZETTE

Oui, c'est lui. (*Elle frappe Jean Betterave.*) Adonis,
dis-moi où tu as caché mon mari... Parle ! Parle !
Allez, beauté fatale, parle !

Pauline essaie de la calmer.

C'est lui le kidnappeur, sauf qu'il portait les habits
de Néné et que moi, je vais m'évanouir.

Elle s'évanouit. Josaphat entre.

JOSAPHAT

Madame Pauline, avez-vous vu la belle Zézette ?

PAULINE

En aparté

Le bel homme ! Il a l'habit de Monsieur le Maire !
Un autre kidnappeur ! (*À Josaphat :*) Qui êtes-vous ?...

JOSAPHAT
Je suis Monsieur le Maire, Josaphat Pavillon.

PAULINE
Monsieur le Maire! Enchanté. (*Elle rit et le jette en prison aux côtés de Jean Betterave.*) Et moi, je suis la Fée des Étoiles… Je suppose que lui, c'est votre frère jumeau?

JOSAPHAT
Mon frère jumeau… mais nous sommes pareils. Qui êtes-vous?

JEAN BETTERAVE
Je suis Jean Betterave. Et vous, qui êtes-vous?

JOSAPHAT
Monsieur Josaphat Pavillon.

JEAN BETTERAVE
Monsieur le Maire? On ne vous a pas kidnappé chez Catou?

JOSAPHAT
Kidnappé chez Catou? Mais non, je suis passé dans la machine à beauté chez Catou.

JEAN BETTERAVE
Une machine à beauté?

PAULINE
Une machine à beauté, oui, oui, oui…

JOSAPHAT
Oui. On y entre laid et on en ressort beau.

JEAN BETTERAVE
Comprenant soudainement ce qui lui est arrivé

Ah, c'est ça la machine à beauté! C'est pour ça que
je suis beau. Chef, je vous dis la vérité. C'est moi,
Jean Betterave, et lui c'est monsieur le Maire...
Laissez-nous sortir.

PAULINE

Jamais.

JEAN BETTERAVE

Mais je suis Jean Betterave!

PAULINE

Prouvez-le!

JEAN BETTERAVE

Le premier juillet, on a donné cent quatorze
contraventions parce qu'on avait truqué les
parcomètres.

PAULINE
En aparté

Mais il y a seulement Betterave qui sait ça!

JEAN BETTERAVE

Et l'an dernier, à Noël...

JOSAPHAT

Qu'est-ce que vous avez fait, à Noël?

JEAN BETTERAVE

On changeait les heures sur les panneaux de
stationnement.

PAULINE
Betterave, s'il vous plaît!

JEAN BETTERAVE
Vous me reconnaissez, chef?

PAULINE
Oui, là je vous reconnais, Betterave.

JOSAPHAT
Laissez-moi sortir!

PAULINE
Oui, monsieur le maire.
Elle les laisse sortir de la cellule.

ZÉZETTE
Se réveillant
Madame Pauline! Madame Pauline!

JOSAPHAT
Zézette?

ZÉZETTE
Criant
Ahh! C'est lui!

JOSAPHAT
C'est moi, Josaphat.

JEAN BETTERAVE
Oui, c'est vrai.

PAULINE
C'est vrai!

Zézette crie de nouveau en voyant le second bel homme.

JOSAPHAT
C'est moi, Néné...

ZÉZETTE
Néné?

PAULINE
Néné?

ZÉZETTE
Mais que tu es beau!

JOSAPHAT
C'est grâce à la machine à beauté.

ZÉZETTE
Une machine à beauté?

JOSAPHAT
Oui, chez Catou. Il s'agit de passer dans la machine.

ZÉZETTE
Josaphat, moi aussi je veux être belle. Viens.
Apercevant Jean Betterave :
Agent Betterave?!

JEAN BETTERAVE
Oui...

ZÉZETTE
Viens, Josaphat, amène-moi chez Catou.
Ils sortent.

PAULINE

Moi aussi, je pense que je voudrais être belle.

JEAN BETTERAVE

Vous le pouvez, chef. Regardez-moi, je suis beau.

PAULINE

C'est vrai que vous êtes beau, Betterave.

JEAN BETTERAVE

Merci, chef.

PAULINE

Je dirais même, très beau.

JEAN BETTERAVE

Chef.

PAULINE

Beau à croquer, comme une belle Betterave.

JEAN BETTERAVE

Chef!

PAULINE

Embrassez-moi.

JEAN BETTERAVE

Chef... Capitaine Pauline...

PAULINE

Pardon Betterave... Votre beauté m'a soudainement... hypnotisée.

JEAN BETTERAVE

De rien, chef. Je suis certain que tous les gens du village vont vouloir être beaux.

PAULINE

C'est vrai... Les rues seront envahies, la circulation sera bloquée, il va y avoir des embouteillages partout. On a besoin de nous!

Elle sort.

JEAN BETTERAVE

Le devoir nous appelle!

Il sort.

Scène 10
La rue. Léo et Catou se rencontrent.

Léo
Chantant

Santa Lucia... Santa Catoua...

Catou
Léo ?...

Léo
Madame Catou... Grâce à vous, je suis le plus beau et le plus sympathique marchand du village. (*Catou le prend en photo.*) Mille Grazie ! (*Photo, bec, bec...*) Ciao !

Catou
Ciao !

Léo
Ciao ! Ciao !!
Catou et Jean Betterave se rencontrent.

CATOU

Jean Betterave...?

JEAN BETTERAVE

Oui, c'est moi. Je suis passé dans la machine à beauté. Je suis tellement heureux! Je suis beau... Fini le gros nez rouge... Maintenant que je suis beau, est-ce que vous pensez que vous pourriez m'aimer?

CATOU

Je vous aimais avant.

JEAN BETTERAVE

Vous m'aimez?

CATOU

Oui.

JEAN BETTERAVE

Euh... Je vous aime. (*Temps. Ils sont gênés, ils se prennent par la main.*) J'aimerais ça vous inviter au restaurant. Demain soir, peut-être?...

CATOU

D'accord.

JEAN BETTERAVE

D'accord? Merci! Aujourd'hui, je suis le policier le plus heureux du monde. Le devoir m'appelle et l'amour me donne des ailes.

Il sort. On entend madame Béatrice sur bande sonore.

BÉATRICE

Chers téléspectateurs et chères téléspectatrices...
Depuis quelques heures, une rumeur court dans le
village. On prétend que le professeur Arsène Clou a
inventé une machine à beauté. Intéressant... Ne vous
inquiétez pas, je vais exiger des preuves de la chose.

Scène 11
Chez Catou. Béatrice et Arsène sont beaux.

Béatrice
Mesdames et messieurs, c'est moi, Béatrice Cheminée.
Je suis passée dans la machine du beau professeur
Clou, qui m'a transformée en une beauté. C'est
extraordinaire, je suis belle. Alors, si vous voulez
être beaux et belles, faites comme moi et monsieur
Arsène, Monsieur le Maire, madame Zézette, l'agent
Betterave, monsieur Léo, et rendez-vous vite au
Studio de Catou Clin D'Œil. Vive la beauté!

Arsène
Vive moi!
Carmen entre.

Carmen
Je veux être belle!

Arsène
Par ici!

CARMEN

Merci, monsieur... ?

ARSÈNE

Clou. Le beau et génial professeur Arsène Clou, inventeur de la machine à beauté. Par ici.

CARMEN

Merci, monsieur Arsène.

BÉATRICE

Elle est mignonne.

CARMEN

L'humanité entière vous remercie.

BÉATRICE

Mesdames et messieurs, vous allez assister à un miracle.

Carmen entre dans la machine. Bruit. Carmen sort transformée.

Madame Carmen, quelques mots pour nos téléspectateurs ?

CARMEN

Je voudrais dire que je suis très fière d'être belle. Je vais avoir le plus beau restaurant avec les plus beaux bœufs à la mode, les plus beaux hot dogs, les plus beaux gâteaux et les plus beaux clients.

BÉATRICE

Merci, madame Carmen. (*Aux téléspectateurs*) Vous voyez, tout est possible ! Même Carmen est belle ! Alors, ici Béatrice Cheminée...

Carmen lui vole son micro.

CARMEN
...Et ici Carmen Létourneau, qui vous dit bonsoir.

BÉATRICE
Reprenant son micro
Bonsoir, chers téléspectateurs...

CARMEN
Reprenant son micro
Chères téléspectatrices...

BÉATRICE
Reprenant son micro à madame Carmen
C'est moi l'animatrice!

CARMEN
Oui, mais maintenant on est pareilles.
Sylvain entre.

SYLVAIN
Carmen!...

CARMEN
Sylvain!
Elle lui saute au cou.

SYLVAIN
Madame Béatrice!

CARMEN
Regardant madame Béatrice
Vous voyez? On me prend déjà pour vous!
(*À Sylvain*) Mais non, c'est moi, Carmen.

BÉATRICE
À Arsène
Vous, là !
Elle sort.

ARSÈNE
Attendez !
Il sort.

SYLVAIN
Cocotte ? Je ne voulais pas que tu passes dans la machine, je te trouvais belle avec tes cheveux roux et ton gros nez.

CARMEN
Oui. Mais là je suis encore plus belle et tu vas m'aimer encore plus. Je suis tellement heureuse et je veux que tu sois beau.

SYLVAIN
Je me trouve beau comme je suis.

CARMEN
Oui, mais je veux que tu sois encore plus beau...

SYLVAIN
Je veux rester Sylvain. Ce matin, tu m'as dit que tu me trouvais beau.

CARMEN
Oui, mais ce matin, j'étais laide. S'il vous plaît, entre dans la machine.

SYLVAIN
Non.

CARMEN
Tu ne veux pas être beau ?

SYLVAIN
Je me trouve beau comme je suis.

CARMEN
Peut-être, mais maintenant que je suis belle, tu n'es plus assez beau pour moi.

SYLVAIN
Carmen ! Tu ne m'aimes plus ? ? !

CARMEN
Non !

SYLVAIN
Tu ne m'aimes plus.

CARMEN
Je veux un bel amoureux.

SYLVAIN
Carmen !

CARMEN
Adieu, Sylvain ! Je vais aller rejoindre Léo, maintenant qu'il est beau, lui !
Elle sort.

SYLVAIN
Carmen...
Il sort. Arsène entre.

CARMEN
Non !

SYLVAIN
Carmen!...

CARMEN
Non!

SYLVAIN
Carmen Létourneau....

CARMEN
Ne me parle plus!

SYLVAIN
Cocotte...

CARMEN
Non!

SYLVAIN
Correct, je vais y aller...
Il entre à nouveau chez Catou. S'adressant à Arsène :
C'est correct, je vais y aller dans votre machine!

CARMEN
Demain, je me fais installer des miroirs à trois faces, des miroirs au plafond, des miroirs au plancher, des miroirs mur à mur.
Sylvain entre. Bruit. Il en ressort beau.

ARSÈNE
Regardez-vous.

SYLVAIN
Je n'ai pas le temps! Carmen!
Il sort.

ARSÈNE
Soyez heureux.

SYLVAIN
Carmen! Carmen! Je suis beau!

ARSÈNE
Aujourd'hui, tout le village est heureux! Grâce à moi.

SYLVAIN
Cocotte...

Scène 12
Coin d'une rue.

Narrateur
Ainsi se déroule la journée la plus folle de toute l'histoire du village. Tous les habitants sont emportés par la fièvre de la beauté. Et ce n'est seulement qu'à six heures du matin, au lever du soleil, que la dernière cliente, madame Pauline, sort du studio de Catou.

Madame Pauline passe dans la rue en chantant. Sylvain et Carmen entrent.

Carmen
Léo, Léo?... Léo?

Sylvain
Cocotte?

Carmen
Hein! Sylvain?

Sylvain
Oui.

CARMEN

My, my, que tu es beau!

SYLVAIN

C'est juste pour toi, my cocotte.

CARMEN

Ouahh! Que tu es fin! Ouahh! que je t'aime...
Il la lève, la prend dans ses bras et ils sortent en
tournoyant.
Oh, Sylvain... Grand fou.

SYLVAIN

Ça va être une belle journée.
Ils sortent. L'agent Betterave et Léo entrent.

JEAN BETTERAVE

Bonjour monsieur... Sylvain?

LÉO

Léo, Léo le beau. Agent Betterave?

JEAN BETTERAVE

Oui.

LÉO

Vous êtes « splendido ».

JEAN BETTERAVE

Ah!
Madame Béatrice entre.
Mademoiselle Catou!

BÉATRICE

Mais non.

LÉO
Carmen?

BÉATRICE
Mais non!

JEAN BETTERAVE
Capitaine Pauline?

BÉATRICE
Mais non!
Josaphat entre.

JOSAPHAT
Zézette!

BÉATRICE
Mais non, Monsieur le Maire, c'est madame Béatrice!

TOUS
Ah!

LÉO
«Signora Béatrice, che bella».

BÉATRICE
«Grazie».

LÉO
Et votre manteau est «magnifico».

BÉATRICE
Maintenant que je suis belle, je ne veux que du beau.
Et j'ai décidé de ne manger que de beaux légumes.
Et je trouve que le maïs est le plus beau des légumes.

Et maintenant que nous sommes beaux, nous devrions tous manger du beau maïs.

LÉO
Très bonne idée!

BÉATRICE
Cela devrait être une loi.

LÉO ET JEAN BETTERAVE
C'est vrai.

JOSAPHAT
Alors, en tant que maire de ce beau village, je propose que tous les gens ne mangent que du beau maïs, et que tous nos commerçants ne vendent que du maïs.

BÉATRICE
J'appuie.

LÉO
Voté.

JEAN BETTERAVE
À l'unanimité.

JOSAPHAT
Je propose que tous les gens du village passent dans la machine à beauté.

BÉATRICE
J'appuie!

LÉO
Voté!

JEAN BETTERAVE
À l'unanimité.

JOSAPHAT
Je propose qu'on s'habille tous de la même façon.

TOUS
J'appuie! Voté! À l'unanimité!
Ils sortent tous, sauf madame Béatrice.

BÉATRICE
On devrait tous se maquiller de la même façon. On devrait tous manger de la même façon. On devrait tous éternuer de la même façon. On devrait tous se brosser les dents de la même façon. On devrait tous sourire de la même façon. On devrait tous danser de la même façon. On devrait tous nager de la même façon. On devrait tous rire de la même façon! On devrait tous penser de la même façon!!
Léo, Josaphat et Jean Betterave entrent, vêtus du même manteau.

JEAN BETTERAVE
On devrait tous parler de la même façon.

JOSAPHAT
On devrait tous dormir de la même façon.

LÉO
On devrait tous chanter de la même façon.

JEAN BETTERAVE
On devrait tous.

TOUS
On devrait tous.

JOSAPHAT
Je propose.

BÉATRICE
J'appuie.

LÉO
Voté!

BÉATRICE
À l'unanimité.

TOUS
Je propose. J'appuie. Voté. À l'unanimité.
Trois fois
À l'unanimité. À l'unanimité. À l'unanimité.
Catou entre.

BÉATRICE
Criant
Elle est encore laide!

JOSAPHAT
Madame Catou, il y a une loi qui exige que tous les gens du village passent dans la machine...

CATOU
Une loi? Depuis quand?

BÉATRICE
Depuis tout de suite.

JOSAPHAT

Je vous suggère donc de retourner chez vous et de passer immédiatement dans la machine, sinon...

LÉO

Contravention!

CATOU

Je ne veux pas passer dans la machine, je ne veux pas être comme tout le monde. J'aime mon visage avec mon petit nez et mes taches de rousseur... Ma mère avait des taches de rousseur, ma grand-mère avait des taches de rousseur, mon arrière-grand-mère avait des taches de rousseur et je ne veux pas qu'elles disparaissent.

LÉO

Contravention!

JOSAPHAT

Agent Betterave, faites votre devoir.

CATOU

Jean? C'est vous?

JEAN BETTERAVE

Oui.

BÉATRICE

Vous lui avez répondu!

LÉO

Contravention!

JOSAPHAT

Je propose que toute belle personne qui adresse la parole à une personne laide ait une contravention.

BÉATRICE ET LÉO

J'appuie. Voté. À l'unanimité.

Jean Betterave donne une contravention à Catou.

JOSAPHAT

Je propose que madame Catou passe dans la machine à beauté sinon... elle sera bannie du village.

JEAN BETTERAVE ET CATOU

Bannie?

Ils regardent tous Jean Betterave.

CATOU

Je ne passerai jamais dans la machine à beauté.

LÉO

Contravention!

Catou se sauve.

JEAN BETTERAVE

Catou!

BÉATRICE

Elle ne se sauve pas comme une belle personne.

LÉO

Contravention!

Jean Betterave sort.

BÉATRICE

Avec toutes ces lois, notre village sera le plus beau village du monde entier.

Elle sort.

LÉO

Grâce à nous et à nos belles lois sur la beauté.

Il sort.

JOSAPHAT

Zézette, tu vas être fière de ton beau Josaphat qui embellit le village. Tout le monde va aimer être beau.

Josaphat sort.

NARRATEUR

Tout le monde va aimer être beau. C'est ce que Monsieur le Maire avait dit. Mais plus les semaines passaient, plus les lois se multipliaient.

On entend sur bande sonore :

JOSAPHAT

Je propose qu'on lise tous les mêmes livres.

LÉO

J'appuie.

BÉATRICE

Voté !

JEAN BETTERAVE

À l'unanimité.

JOSAPHAT

Je propose qu'on écoute tous la même musique !

LÉO
J'appuie.

BÉATRICE
Voté!

JEAN BETTERAVE
À l'unanimité.

JOSAPHAT
Je propose qu'on se couche tous à la même heure.

LÉO
J'appuie.

BÉATRICE
Voté!

JEAN BETTERAVE
À l'unanimité.

JOSAPHAT
Je propose...

LÉO
J'appuie.

BÉATRICE
Voté!

JEAN BETTERAVE
À l'unanimité.

JOSAPHAT
Je propose...

LÉO
J'appuie.

BÉATRICE
Voté !

JEAN BETTERAVE
À l'unanimité. Etc., etc.

Scène 13

Au marché. Pour cette scène, tous les personnages portent le même manteau de « beau ». Les deux marchands entrent en scène, poussant tous deux un chariot de légumes... rempli de maïs.

Sylvain
Achetez, achetez!

Léo
Achetez, achetez!

Sylvain
C'est moi qui vend le maïs.

Léo
Moi, j'étais là quand on a passé la loi sur l'exclusivité du maïs.

Sylvain
Achetez, achetez du beau maïs, 69 cents.

Léo
Du plus plus plus beau maïs, 67 cents.

SYLVAIN

Du plus plus plus plus plus beau maïs, 60 cents.

LÉO

Du plus beau « extra large king size » maïs, 55 cents.

SYLVAIN

Cinquante.

LÉO

Quarante-cinq.

SYLVAIN

Quarante.

LÉO

Trente.

SYLVAIN

Vingt.

LÉO

Dix.

SYLVAIN

Cinq.

LÉO

Deux.

SYLVAIN

Gratuit. Qui veut acheter du maïs gratuit ?

LÉO

Arrête ! Tu vas nous ruiner.

SYLVAIN

C'est de ta faute.

Il frappe Léo sur la tête. Béatrice entre.

LÉO

À madame Béatrice

On m'a frappé sur la tête avec un maïs...

La bataille commence.

BÉATRICE

Mesdames et messieurs, depuis quelques semaines, notre beau village est la proie de malheurs...

Jean Betterave entre, son petit carnet de contraventions à la main.

JEAN BETTERAVE

Arrêtez, arrêtez. Ce n'est pas beau de se disputer. Contravention! Ce n'est pas beau de frapper quelqu'un. Contravention! Et ce n'est pas beau de maltraiter un beau légume... Contravention. Alors j'ai trois contraventions pour monsieur...

SYLVAIN

Léo!

Jean écrit le nom.

LÉO

C'est Sylvain qui a commencé!

Jean écrit le nom.

SYLVAIN

Léo!

Jean écrit le nom.

LÉO

Sylvain!

Jean écrit le nom.

SYLVAIN

Non, c'est Léo!

Jean écrit le nom.

LÉO

NON! C'est Sylvain!

Jean écrit le nom.

BÉATRICE

À chaque heure, chaque minute, chaque seconde,
une mésaventure, une méconnaissance se produit...

JEAN BETTERAVE

Un instant! D'après mes calculs (*il fait le jeu de ma
petite vache a mal aux pattes*)... alors la contravention
est pour vous et vous êtes?...

LÉO

Sylvain!

Jean écrit le nom.

SYLVAIN

Non, c'est moi Sylvain. Lui, c'est Léo.

JEAN BETTERAVE

Où est monsieur Léo?

SYLVAIN

Là.

LÉO

Là.

BÉATRICE

Où est monsieur Sylvain ?

SYLVAIN

Ici.

LÉO

Ici.

JEAN BETTERAVE
Déchirant sa contravention

Tant pis, je vous donne chacun une contravention.
Et vous êtes... ?
Sylvain ne répond pas. Se tournant vers Léo :
Et vous êtes... ?

LÉO

Agent Betterave !

JEAN BETTERAVE

Ah ah !!! Tenez, monsieur Jean Betterave, une
contravention... Mais oui, mais, c'est moi Jean
Betterave.

LÉO

Non, c'est moi !
Il vole la casquette de Jean Betterave.

JEAN BETTERAVE

Donnez-moi ma casquette, monsieur...

LÉO
Agent Betterave!

JEAN BETTERAVE
C'est moi, Jean Betterave...

BÉATRICE
Mais où est l'agent Betterave?...

JEAN BETTERAVE
Au nom de la loi, monsieur...?

LÉO
Sylvain.
Léo vole la calotte de Sylvain.

SYLVAIN
C'est moi, Sylvain.

LÉO
Non, c'est moi Sylvain!

SYLVAIN
Léo, donne-moi ma calotte.
Léo lance la casquette de Betterave à Sylvain.

JEAN BETTERAVE
Donnez-moi ma casquette, monsieur Léo.

BÉATRICE
Comme vous voyez, ce n'est pas beau à voir...

JEAN BETTERAVE
Monsieur Léo, donnez-moi ma casquette!

SYLVAIN

Moi, c'est Sylvain, et quand j'aurai récupéré ma calotte, je vous donnerai votre casquette.

JEAN BETTERAVE

Monsieur «je-ne-sais-pas-qui», donnez la calotte à monsieur «je- ne-sais-pas-qui» afin qu'il me donne ma casquette...

LÉO

Tenez...

JEAN BETTERAVE

Merci!

Léo vole le sifflet de Jean Betterave.

LÉO

Merci!!

Il siffle.

JEAN BETTERAVE

...Et donnez-moi mon sifflet. Au nom de la loi, je vous l'ordonne, monsieur..?

LÉO

Betterave. Agent Betterave.

JEAN BETTERAVE

C'est moi, Jean Betterave!

SYLVAIN

Non, c'est moi l'agent Betterave!

Sylvain se met à courir, poursuivi par Jean Betterave et Léo.

BÉATRICE

Mais on ne reconnaît plus personne! Mais qui êtes-vous? Messieurs, qu'est-ce qui se passe?

Carmen entre, tous les personnages se poursuivent sur scène. Mêlée générale.

CARMEN

My! My! Mais qu'est-ce qui se passe?

BÉATRICE

Je ne sais pas.

LÉO

On m'a frappé avec du maïs!

SYLVAIN

On m'a volé ma calotte.

JEAN BETTERAVE

On m'a volé mon sifflet et ma casquette!

CARMEN

Mais qui êtes-vous?

SYLVAIN

Carmen?

CARMEN

Oui.

SYLVAIN

C'est moi, Cocotte.

CARMEN

Sylvain?

SYLVAIN
Oui.

LÉO
C'est moi, Cocotte.

CARMEN
Sylvain?

JEAN BETTERAVE
C'est moi, Cocotte.

CARMEN
Sylvain?

JEAN BETTERAVE
Oui. Non! C'est moi Jean Betterave, aidez-moi.

BÉATRICE
Et moi, je suis Béatrice Cheminée, aidez-nous...

CARMEN
Prenant le micro des mains de Béatrice
Bonjour, chers téléspectateurs et téléspectatrices. Ici
Béatrice Cheminée.

BÉATRICE
Mais c'est moi, Béatrice! Arrêtez, là!
*Elle commence à poursuivre Carmen. Tout le monde
poursuit Carmen.*

CARMEN
Aujourd'hui, une petite bagarre...

BÉATRICE

C'est moi, Béatrice!

Béatrice sort de la mêlée, reprend son micro.

CARMEN

Non, c'est moi.

Elle reprend le micro.

BÉATRICE

Mais elle est folle! Je suis Béatrice! Donnez-moi mon micro!

CARMEN

Imitant Béatrice

Je suis Béatrice! Donnez-moi mon micro!

Elle donne un maïs à Béatrice au lieu du micro.

BÉATRICE

Merci. Ne l'écoutez pas, chers téléspectateurs! (*Elle s'aperçoit qu'elle tient un maïs.*) Mon micro...

Elle retourne dans la mêlée.

CARMEN

Jouant à l'animatrice, avec le micro

La folie a éclaté dans notre village. Depuis que les gens sont tous beaux, on ne reconnaît plus personne... C'est le désastre total.

Béatrice reprend son micro des mains de Carmen.

BÉATRICE

C'est moi, l'animatrice.

CARMEN

Je veux être animatrice. On est pareilles.

BÉATRICE
Pas du tout.

CARMEN
Je suis tannée de faire du bœuf à la mode au maïs,
des gâteaux au maïs, des hot dogs au maïs...
Jean Betterave retrouve sa casquette et son sifflet. Il siffle.
Tout le monde fige.

JEAN BETTERAVE
Assez! Au nom de la loi, j'ai dit assez. Ça ne peut
plus continuer comme ça. Il faut faire quelque chose.
Avec tout ce monde qui se ressemble, on ne sait plus
à qui on a affaire... Je déclare le village en état de
CRISE AIGUË.

SYLVAIN
Je vais aller chercher Monsieur le Maire.
Ils sortent tous.

BÉATRICE
Très bonne idée. Mais où est Monsieur le Maire.
C'est la question de l'heure. Ah... Je vois quelqu'un
arriver... Est-ce que vous êtes Monsieur le Maire?

LÉO
Entrant
Mais non, voyons!

BÉATRICE
Est-ce que vous êtes Monsieur le Maire?

JEAN BETTERAVE
Entrant
Moi... Ben non!

BÉATRICE
À Carmen
Est-ce que... Non non, pas vous!
Le maire entre.

JOSAPHAT
Je suis Monsieur le Maire! Qu'est-ce qui se passe?

JEAN BETTERAVE
Monsieur le Maire, je suis Jean Betterave, et depuis
que la beauté a envahi notre village, la tension
monte. Les villageois sont à bout et on a même
essayé de me voler mon emploi.

BÉATRICE
Moi aussi. Je suis Béatrice Cheminée. Ce n'est
pas parce qu'on me ressemble qu'on peut être
animatrice. J'ai étudié pour être animatrice. J'ai
pris des cours de voix, de diction, d'étiquette, de
pose de voix! Ce n'est pas parce qu'on est beau
qu'on est animateur! C'est parce qu'on a du talent.
Parce qu'on a ça dans le sang. On naît animateur.
N'est pas animateur qui veut! Laissez-moi vous dire
que personne ne va prendre ma place. Personne!
Monsieur le Maire, il faut faire quelque chose!
Pendant le monologue de Béatrice, les trois autres vont
commencer à parler les uns par-dessus les autres.

CARMEN
Je l'ai dit tantôt et je le redis encore. Je suis tannée
de faire du bœuf à la mode au maïs, des gâteaux au
maïs, des hot dogs au maïs. Le village est en crise.

JEAN BETTERAVE

Ça ne peut pas continuer comme ça. Il y a des bagarres partout. Le village est plein de malheurs. Monsieur le maire, aidez-nous.

LÉO

Je suis épuisé de ne reconnaître personne. Je suis épuisé de me présenter à chaque seconde. Je suis épuisé de ne vendre que du maïs. C'est la catastrophe.

JOSAPHAT

Assez !

Silence.

Je vais aller parler à monsieur Arsène.

LÉO

C'est lui qui est responsable !

CARMEN

C'est sa machine, après tout !

BÉATRICE

Finalement, notre maire a décidé de rencontrer l'homme responsable de ce dégât : monsieur Arsène. Je leur souhaite de trouver une solution au plus vite. Gardons espoir. À tantôt !

JOSAPHAT

Monsieur Arsène a peut-être une solution...

JEAN BETTERAVE

Sûrement, c'est sa machine...

BÉATRICE
Il a bien menti !

CARMEN
C'est sa machine !

Scène 14
Chez Catou.

Arsène

J'ai calculé et recalculé et re-recalculé. Impossible de renverser le processus de la machine. Ouye ouye ouye... (*Il se regarde dans un miroir.*) Arsène, regarde dans quel pétrin tu t'es mis encore une fois. Tous les villageois t'en veulent. Je pense que la meilleure solution, c'est de quitter le village au plus vite.

> *Il sort dans la rue en courant et voit Josaphat et Jean Betterave qui s'en viennent vers lui. Il retourne ausitôt dans le studio de Catou pendant que les autres s'en viennent.*

Josaphat

Le village est en crise aiguë.

Jean Betterave

Il faut faire quelque chose.

Josaphat

C'est de la faute de monsieur Arsène!

JEAN BETTERAVE
Lui et sa machine à beauté!!

JOSAPHAT
Oui, sa machine à malheurs!
Béatrice entre en courant.

BÉATRICE
Attendez-moi.

ARSÈNE
Mais qu'est-ce que je vais leur dire? Je n'ai pas de solution, moi.
Josaphat et Jean Betterave entrent dans le studio de Catou.

JOSAPHAT
Le village est en état de crise aiguë.

ARSÈNE
Je le sais!

JEAN BETTERAVE
Il faut faire quelque chose.

ARSÈNE
Je le sais!
Béatrice entre chez Catou.

BÉATRICE
À Arsène
Avez-vous trouvé une solution à nos malheurs?

ARSÈNE
Peut-être...

TOUS
Peut-être?

ARSÈNE
Oui. D'après mes calculs, peut-être que si quelqu'un
entre dans la machine en utilisant la porte arrière, et
peut-être que si je mets ma machine en marche, alors
la brave personne ressortira peut-être par la porte
d'entrée avec, j'en suis peut-être convaincu, la tête
qu'elle avait depuis le merveilleux jour de sa naissance.

JOSAPHAT
En tant que maire, je propose que monsieur Arsène
entre dans la machine.

BÉATRICE
J'appuie.

JEAN BETTERAVE
Voté.

TOUS
À l'unanimité.

ARSÈNE
Résigné
D'accord. (*Il a une idée...*) D'accord!... Monsieur
Betterave, sur la bicyclette; Madame Béatrice,
monsieur le maire, concentration... Les yeux fermés,
les doigts croisés... Agent Betterave, pédalez!!!

> *Arsène enlève son chapeau et le place, ainsi que son*
> *mouchoir, dans la machine. Il secoue la machine et crie,*
> *comme s'il était à l'intérieur. Il se sauve à toutes jambes.*
> *La machine s'arrête. Silence. Personne n'ose approcher.*

JEAN BETTERAVE
Monsieur Arsène...

JOSAPHAT
Monsieur Arsène, est-ce qu'on peut ouvrir les yeux?...
Béatrice s'approche et ouvre la porte de la machine.

BÉATRICE
Monsieur Arsène? AH!
Béatrice sort le chapeau et le mouchoir d'Arsène de la machine.
Pauvre monsieur Arsène.

JEAN BETTERAVE
Pauvre nous.

JOSAPHAT
Malheur à nous!
Catou entre.

CATOU
Je viens chercher mes dernières affaires.

BÉATRICE
S'approchant de Catou
C'est moi, madame Béatrice. Le village est en état de crise aiguë.

JEAN BETTERAVE
Tous les gens sont malheureux.

CATOU
Ah! oui?

JOSAPHAT
Monsieur Arsène a essayé de résoudre notre
problème, mais il n'a pas réussi.

BÉATRICE
Il est passé dans la machine à beauté.

JEAN BETTERAVE
Et voici tout ce qui reste de lui...
Jean Betterave montre le mouchoir et le chapeau.

CATOU
C'est monsieur Arsène?

BÉATRICE
Oui, on ne sait plus quoi faire.

JEAN BETTERAVE
Pouvez-vous nous aider?

JOSAPHAT
Pouvez-vous nous aider?
Temps.

CATOU
Malheureusement non... C'est monsieur Arsène qui
l'a inventée... Moi, je ne connais rien à sa machine.

BÉATRICE
Vous êtes tellement chanceuse d'avoir votre visage,
avec votre petit nez, vos taches de rousseur... Je
m'ennuie de mon grand nez.

JOSAPHAT
Je m'ennuie de mes oreilles d'éléphant.

JEAN BETTERAVE
Et moi, de mon gros nez de clown...

CATOU
Réfléchissant
C'est ça.

BÉATRICE
Quoi?

CATOU
J'ai peut-être une solution à vos malheurs.

BÉATRICE
Laquelle?

CATOU
Il me reste peut-être encore des déguisements de
carnaval.
Elle fouille dans sa valise.

BÉATRICE
Des déguisements de carnaval?

CATOU
Si vous vous mettez tous des faux nez, des fausses
oreilles, des lunettes, vous ne serez plus pareils, donc
vous allez tous vous reconnaître.
Elle les sort.
Pour madame Béatrice...
Elle lui donne un long nez mauve. Béatrice le met.

BÉATRICE
Mon nez!

JEAN BETTERAVE
Mais c'est vous, tout à fait vous.

BÉATRICE
On m'a reconnue! Merci, madame Clin D'Œil. Je vous fais mes excuses.
> *Catou donne de grosses oreilles vertes à Josaphat, qui les enfile.*

JEAN BETTERAVE ET BÉATRICE
Ah!

JOSAPHAT
Moi aussi, je vous fais mes excuses et, en tant que maire, j'abolis toutes les lois sur la beauté et j'aimerais que vous restiez dans notre village... S'il vous plaît...
> *Catou donne un gros nez de clown à Jean Betterave, qui le met.*

JEAN BETTERAVE
S'il vous plaît, Catou.
> *Temps.*

CATOU
J'accepte.

BÉATRICE
Elle accepte! Enfin je vais reprendre ma carrière d'animatrice... Fini l'anonymat.
> *Elle sort et croise Léo qui entre.*

LÉO
Madame Beatrice!

BÉATRICE

On m'a reconnue!

LÉO

«Mama mia!»

Catou donne une grosse moustache à Léo, qui la met. Rires, tiraillages, euphorie générale. Catou les photographie. Pendant ce temps:

BÉATRICE

Mesdames et messieurs, c'est moi Béatrice. Madame Clin D'Œil a trouvé une solution à nos malheurs et le village va redevenir comme avant. Ça va peut-être ressembler à un carnaval mais tant pis!

Josaphat et Léo sont sortis.

JEAN BETTERAVE

À ce soir?

CATOU

D'accord.

JEAN BETTERAVE

Là, vous allez... tu vas me reconnaître, hein?

CATOU

Oui.

Ils s'embrassent. Jean Betterave sort.

ÉPILOGUE

NARRATEUR
Le village sommeille, et la lune qui veille sur lui se
met doucement à rire en voyant tous ces gens dormir
avec leurs déguisements. Chut, madame la lune!
Et n'oubliez pas : ne dites jamais aux gens du village
qu'ils sont beaux, vous leur feriez de la peine...

FIN

Celestine

Achevé d'imprimer
en septembre deux mille quinze sur les presses
de l'Imprimerie Gauvin, à Gatineau (Québec).